Leomar A. Brustolin

Celebrar o Natal

Sugestões para a família e a comunidade

Dados Internacionais de Catalogação na Publicação (CIP)
(Câmara Brasileira do Livro, SP, Brasil)

Brustolin, Leomar
Celebrar o Natal : sugestões para a família e a comunidade / Leomar
Brustolin. – São Paulo : Paulinas, 2009.

ISBN 978-85-356-2542-4

1. Advento 2. Ano litúrgico 3. Celebrações litúrgicas 4. Natal
I. Título.

09-10373   CDD-252.61

Índice para catálogo sistemático:
1. Natal : Celebrações : Cristianismo 252.61

5ª edição 2017
1ª reimpressão 2021

Direção-geral: *Flávia Reginatto*
Editores responsáveis: *Vera Ivanise Bombonatto*
Antonio Francisco Lelo
Copidesque: *Ruth Mitzuie Kluska*
Coordenação de revisão: *Marina Mendonça*
Revisão: *Marina Siqueira e*
Leonilda Menossi
Direção de arte: *Irma Cipriani*
Gerente de produção: *Felício Calegaro Neto*
Capa e diagramação: *Telma Custódio*

*Nenhuma parte desta obra poderá ser reproduzida ou transmitida
por qualquer forma e/ou quaisquer meios (eletrônico ou mecânico,
incluindo fotocópia e gravação) ou arquivada em qualquer sistema ou
banco de dados sem permissão escrita da Editora. Direitos reservados.*

Paulinas

Rua Dona Inácia Uchoa, 62
04110-020 – São Paulo – SP (Brasil)
Tel.: (11) 2125-3500
http://www.paulinas.com.br – editora@paulinas.com.br
Telemarketing e SAC: 0800-7010081
© Pia Sociedade Filhas de São Paulo – São Paulo, 2009

Introdução

Muita gente, por causa do estilo de Natal convencionado pela sociedade moderna, esvaziou o sentido de celebrar o nascimento de Jesus a cada ano. Para alguns, é sempre tudo igual. Há pessoas e famílias que não percebem o quanto se tornou artificial o clima natalino entre nós. É preciso redescobrir as fontes do verdadeiro Natal, daquele acontecimento do passado que mudou a vida de toda a humanidade.

Dentre os muitos sinais e símbolos do Natal, nada pode evocar melhor a festa de 25 de dezembro do que o presépio. Aos cristãos cabe educar o olhar para contemplar no presépio o significado profundo do Natal e da própria vida humana na terra, marcada pelo nascimento de Belém.

Todos os anos nós nos dedicamos a representar o nascimento do nosso Divino Salvador. Esse gesto não pode ser mecânico e desprovido de um espírito orante e reflexivo. Afinal, vamos montar a representação de um fato que mudou a vida da humanidade. Quando contemplamos o presépio, percebemos que tudo se refere a Jesus. Tudo está voltado para ele. Ele é o Esperado das nações, o Desejado pelos povos, a Melhor Visita que todos podem receber.

Que nossa preparação ao Natal seja um caminho que nos conduza à Noite Feliz na qual o Sol nascente veio dissipar toda a treva. Não pode haver tristeza quando nasce a Vida!

Leomar Brustolin

O presépio

O Cristianismo celebra o nascimento de Jesus no dia 25 de dezembro. Nas festas de Natal destacam-se símbolos e tradições como a árvore de Natal, a coroa do Advento, a troca de presentes e o Papai Noel. Há, contudo, um lugar especial ocupado pelo presépio, pela reconstrução da cena da natividade. Essa é montada seguindo alguns elementos presentes nos textos do Evangelho segundo Lucas e Mateus, especialmente nos primeiros capítulos, em que se encontram passagens relativas à infância de Jesus. A tradição acrescentou, porém, personagens e figuras de acordo com lendas populares ou textos apócrifos.

Os quatro Evangelhos reconhecidos pela Igreja não se ocupam em narrar os detalhes sobre o nascimento de Jesus. Os Evangelhos apócrifos, ao contrário, narram com riqueza de informações a infância de Jesus. Enfatizam aspectos como a virgindade de Maria, a divindade do Menino Jesus e o valor de São José na história de Jesus. A palavra "apócrifo" significa "escondido, oculto, secreto".

Os apócrifos foram escritos posteriormente aos Evangelhos que conhecemos, e durante muito tempo eles foram usados por algumas comunidades cristãs. Os textos não são aceitos como oficiais porque têm muita fantasia dos autores e são carregados de sinais e milagres que não estão de acordo com o que nos relatam os Evangelhos canônicos. Mesmo assim, não se pode esquecer deles quando se pretende falar da infância de Jesus.

As primeiras representações da cena do nascimento de Cristo descrita pelos Evangelhos remontam às catacumbas. Em 1877 descobriu-se uma antiga representação do nascimento de Jesus marcada nas paredes das catacumbas de São Sebastião, em Roma.

Os primeiros cristãos desenharam nas paredes desses antigos cemitérios a imagem de Nossa Senhora com o Menino Jesus, os magos, o boi, o burro e a manjedoura.

Marco determinante para a história dos presépios aconteceu na Itália, na noite de Natal de 1223, quando São Francisco reuniu várias pessoas diante de uma gruta em Greccio, onde colocou animais e a manjedoura para representar o Santo Nascimento. São Francisco quis celebrar um Natal o mais realista possível, resgatando o verdadeiro espírito de humildade testemunhado pelo próprio Salvador ao vir ao mundo. Consta que Francisco buscou inspiração no Antigo Testamento. Um texto do profeta Isaías diz: "O boi conhece o seu dono, e o jumento conhece a manjedoura de seu patrão". O presépio de Francisco era assim: um menino deitado sobre a palha entre um boi e um burrinho ou jumentinho. O santo queria que o presépio representasse a humildade e a pobreza. A impressão causada por essa representação do presépio foi tão marcante, que rapidamente se estendeu por toda a Itália. Logo foi introduzido nas casas nobres europeias e posteriormente nas classes mais pobres.

A partir do século XIV, apareceram os primeiros presépios com grandes estátuas de madeira colocados nas igrejas. No século XV, os cristãos montavam uma manjedoura em suas casas para depositar uma pequena imagem de Jesus. O presépio como conhecemos hoje, contudo, nasceu em torno do ano 1700, na cidade de Nápoles, quando se começaram a usar figuras tridimensionais para representar a cena do Natal.

As Antífonas do Ó

O canto das Antífonas do Ó começou a ser usado pela Igreja a partir do século VI. Trata-se de aclamações de louvor e adoração ao Mistério da Encarnação, que se constituem em uma síntese do que celebramos no Natal. São chamadas "do Ó" porque iniciam a exclamação com esse vocativo: Ó! São breves hinos bíblicos que permitem a contemplação do Mistério de Jesus, concebido pelo Espírito Santo e nascido da Virgem Maria. As expressões são da cultura hebraica, do mundo bíblico, e carregam um sentido universal.

As antífonas partem da aclamação "Ó Sabedoria", identificando Jesus como a personificação da Sabedoria do Antigo Testamento, que sai do Pai e participa da criação de tudo. Termina com a antífona "Ó Emanuel", designando que em Jesus "Deus está conosco", habita no meio de nós. A antífona é acompanhada de uma súplica que a comunidade reza para melhor acolher o mistério do Natal no cotidiano da vida.

As aclamações se constituem num verdadeiro e admirável compêndio de Cristologia da Igreja antiga, expressando um resumo significativo do desejo de salvação de toda a humanidade, tanto de Israel, como da Igreja e até de todos os povos. São orações curtas, dirigidas a Cristo, que resumem o sentido do Advento e do Natal. Retratam a admiração da Igreja diante do mistério de Deus feito carne. As súplicas a Cristo invocam a cada dia um título diferente, um título messiânico tomado do Antigo Testamento, mas entendido na plenitude do Novo.

As antífonas são rezadas na oração da Liturgia das Horas, na oração de Vésperas de 17 a 23 de dezembro. São pronunciadas antes e depois do cântico do *Magnificat*. A oração de Vésperas é a oração final da tarde, quando a Igreja, entre salmos, cânticos e preces, louva ao Senhor. Dessa forma consagram-se o tempo e a vida do cristão. Bispos, presbíteros, diáconos, monges e monjas e muitos leigos conhecem bem essa prática que une a Igreja diariamente diante do Senhor. Após a reforma litúrgica do Concílio Vaticano II, foram introduzidas as Antífonas do Ó na aclamação ao Evangelho da missa dos dias 17 a 23 de dezembro. As antífonas são:

17 de dezembro: "*O **S**apientia*" (Ó Sabedoria, que saístes da boca do Altíssimo);
18 de dezembro: "*O **A**donai*" (Ó meu Senhor, Guia da Casa de Israel);
19 de dezembro: "*O **R**adix*" (Ó Raiz de Jessé);
20 de dezembro: "*O **C**lavis*" (Ó Chave de Davi);
21 de dezembro: "*O **O**riens*" (Ó Oriente, esplendor da Luz Eterna);
22 de dezembro: "*O **R**ex gentium*" (Ó Rei das Nações);
23 de dezembro: "*O **E**mmanuel*" (Ó Deus conosco).

Observe que a primeira letra das sete primeiras palavras latinas que se seguem ao vocativo Ó, quando colocadas uma ao lado da outra, a partir da última até a primeira, formam o acróstico *Ero Cras*, que em latim significa "Virei amanhã".

Todo dia e toda hora é tempo de esperar, pois o Senhor virá! *Maranathá!* Vem, Senhor Jesus!

Celebrar o Natal em comunidade

Orientações práticas

Esta é uma sugestão de roteiro para celebrar o Natal em comunidade. São sete noites que precedem a noite de Natal, ao longo das quais o presépio vai sendo montado entre cantos e orações.

Em cada noite invoca-se o Esperado com uma antífona de exclamação. O título de cada noite é tirado da tradição das Antífonas do Ó. São exclamações a Cristo. Há um crescimento na esperança desde a primeira invocação, *Ó Sabedoria*, até a sétima e última, *Ó Emanuel*. A oitava noite é a do dia 24, quando se celebra o nascimento de Jesus!

Esta pode ser uma forma criativa para os cristãos se reunirem na comunidade nos dias que antecedem a grande festa do nascimento de Jesus. É muito importante preparar os símbolos e garantir a participação de todos, distribuindo as leituras e comentários, cantando o que se sugere (ou escolhendo outros cantos mais conhecidos pelo grupo) e fazendo preces espontâneas.

Antes de dar início às celebrações, é preciso providenciar um local para o presépio. Usando a criatividade e os recursos disponíveis, é conveniente preparar um estábulo ou uma gruta, o pasto e a paisagem onde se montará a cena da natividade. No dia 24 há uma sugestão de entronização do Menino Jesus no presépio, que poderá ser feita na comunidade durante a missa da Vigília do Natal.

Abreviaturas

A = Animador, aquele que anima e faz os comentários da celebração.

P = Quem dirige a oração; pode ser o sacerdote ou uma liderança da comunidade.

L = Leitor

T = Todos

17 DE DEZEMBRO

A manjedoura

Ó Sabedoria, vem nos ensinar!

Preparar:
- uma vela;
- a manjedoura.
Cada participante da celebração recebe um pouco de palha para colocar na manjedoura.

1. Acolhida

A: Irmãos e irmãs, bem-vindos! Iniciemos nossa preparação ao Natal de Jesus. Juntos, queremos montar o presépio, meditando a cada dia sobre o significado do nascimento do Salvador. Hoje meditamos diante da manjedoura, que é símbolo de acolhida. Saibamos preparar uma manjedoura para a Criança Divina, criando em nosso coração um lugar para Deus nascer. Vamos acolher o berço do Menino Jesus, cantando.

(Entra a manjedoura carregada por crianças.)

Vem, Senhor Jesus, o mundo precisa de ti!
Ao mundo falta a vida... tu és a Vida. Vem, Senhor Jesus!
Ao mundo falta a paz... tu és a Paz. Vem, Senhor Jesus!
Ao mundo falta a luz... tu és a Luz. Vem, Senhor Jesus!

2. Saudação inicial

P: Em nome do Pai e do Filho e do Espírito Santo.
T: Amém.

P: A graça de nosso Senhor Jesus Cristo que nos visita, o amor do Pai e a comunhão do Espírito Santo estejam convosco!
T: Bendito seja Deus que nos reuniu no amor de Cristo.
P: Irmãos e irmãs, diante da manjedoura de Jesus vamos rezar, suplicando que venha nos visitar aquele que é a própria Sabedoria divina. Que a sua luz invada nosso coração e permaneça em nós! Vamos acender a primeira vela do nosso caminho para o Natal, cantando.

(Enquanto se canta ou se reza o refrão a seguir, alguém acende a vela do presépio.)

Ó luz do Senhor, que vem sobre a terra,
inunda meu ser, permanece em nós! (2x)

P: Bendito sejais, ó Sabedoria de Deus, porque iluminais a nossa vida com a luz da vossa glória. Em vós esperamos com a ternura do coração. Vinde nos visitar. Vinde, ó Sabedoria de Deus, vinde nos visitar!
T: Vinde, ó Sabedoria de Deus, vinde nos visitar!

3. Oração do dia

P: Deus, Criador e Redentor do gênero humano, quisestes que o vosso Verbo se encarnasse no seio da Virgem. Sede favorável à nossa súplica, para que o vosso Filho unigênito, tendo recebido nossa humanidade, nos faça participar da sua vida divina. Por nosso Senhor Jesus Cristo, vosso Filho, na unidade do Espírito Santo.
T: Amém.

4. Liturgia da Palavra

Primeira Leitura: Gênesis 49,2.8-10

Salmo: 71(72),2.3-4ab.7-8.17
L: Nos seus dias a justiça florirá e paz em abundância, para sempre.
T: Nos seus dias a justiça florirá e paz em abundância, para sempre.
L: Dai ao Rei vossos poderes, Senhor Deus, vossa justiça ao descendente da realeza! Com justiça ele governe o vosso povo, com equidade ele julgue os vossos pobres.
T: Nos seus dias a justiça florirá e paz em abundância, para sempre.
L: Das montanhas venha a paz a todo o povo, e desça das colinas a justiça! Este Rei defenderá os que são pobres, os filhos dos humildes salvará.
T: Nos seus dias a justiça florirá e paz em abundância, para sempre.
L: Nos seus dias a justiça florirá e haverá grande paz, até que a lua perca o brilho! De mar a mar estenderá o seu domínio, e desde o rio até os confins de toda a terra!
T: Nos seus dias a justiça florirá e paz em abundância, para sempre.
L: Seja bendito o seu nome para sempre! E que dure como o sol sua memória! Todos os povos serão nele abençoados, todas as gentes cantarão o seu louvor!
T: Nos seus dias a justiça florirá e paz em abundância, para sempre.

Aclamação

Aleluia, Aleluia, Aleluia.
Ó Sabedoria do Altíssimo, que tudo determina, com doçura e com vigor: ó, vinde nos ensinar o caminho da prudência!
Aleluia, Aleluia, Aleluia.
Evangelho: Mateus 1,1-17

5. Mensagem

O Menino colocado na manjedoura se parece com todos os outros recém-nascidos, mas a condição do seu nascimento escandaliza até mesmo os pastores. Eles possuíam ao menos uma tenda própria para viver. O Menino de Belém nasce entre os animais, na estrebaria. Que o estilo de Natal que se convencionou entre nós no Ocidente não abafe a voz que clama no presépio. Em meio aos presentes caros, às canções natalinas e aos exageros de fim de ano, há quem fique surdo à mensagem do presépio. No rosto de muita gente hoje se encontra a situação da pobreza de Belém. Há muitos outros sofredores ao nosso redor que não têm o calor do lar, carecem de um presépio que os acolha. O nascimento no presépio não quer trazer agonia e desespero, mas alegria, mansidão e esperança. Quem sabe festejar essa criança sabe também discernir os valores entre o ter e o ser. O problema não é ter muito, mas colocar os bens materiais e pessoais acima da vida.

6. Preces

P: Supliquemos a Jesus que venha nos visitar e renove a face da terra, rezando:
T: Ó Sabedoria, ensinai-nos o caminho da paz!
1. Diante das incertezas da vida e nos momentos difíceis...

2. Quando precisamos rejeitar o mal e escolher o bem...
3. Para sermos justos e fraternos com todos que encontramos...
4. Para acolhermos Jesus Cristo que nos visita neste Natal...
5. Para sermos sal da terra e luz do mundo, testemunhas do amor de Cristo...

(Preces da comunidade.)

P: Acolhei, ó Pai, nossas preces neste tempo de Advento, por Cristo nosso Senhor.
T: Amém.
P: Suplicando a vinda de Cristo e do Reino de Deus, rezemos juntos como o Senhor nos ensinou: Pai-Nosso...

7. Bênção

P: O Senhor esteja convosco.
T: Ele está no meio de nós.
P: Que o Deus de amor nos ilumine com o advento do seu Filho e derrame sobre nós as suas bênçãos.
T: Amém.
P: Que durante esta vida ele nos torne firmes na fé, alegres na esperança, fortes na caridade.
T: Amém.
P: Alegrando-nos agora pela vinda do Salvador feito homem, sejamos recompensados com a vida eterna, quando ele vier em sua glória.
T: Amém.
P: Abençoe-nos Deus Todo-Poderoso, Pai e Filho e Espírito Santo.
T: Amém.

8. No presépio

A: Vamos ao presépio. Coloquemo-nos diante da manjedoura com as palhas que acolherão o Menino Deus. Prepare a manjedoura do seu coração, enfeite o lugar onde Deus possa nascer. Permita que a Criança Divina repouse em sua vida. Seja invadido pela proteção e doçura que emanam dessa criança. Reze, pedindo sabedoria para viver de acordo com a vontade de Deus. *(Enquanto as palhas são depositadas, pode-se cantar.)*

Senhor, atendei os pedidos,
Senhor, escutai nossa voz,
pois sempre serão atendidos
aqueles que esperam em vós.
Vinde, Senhor, visitar vosso povo,
em Jesus Cristo recriá-lo de novo

18 DE DEZEMBRO
A Virgem Maria

Ó Adonai, nós vos louvamos!

Preparar:
- duas velas;
- a manjedoura;
- a imagem da Virgem Maria. Cada participante da celebração recebe uma flor para depositar no presépio (a flor pode ser seca, sempre-viva, por exemplo, pois assim enfeitará até o Natal).

1. Acolhida

A: Sejam todos bem-vindos diante do presépio de Jesus. Com muita alegria meditamos hoje a presença de Maria na vida de Jesus e em nossa caminhada. Deus preparou uma Mãe que fosse digna de seu Filho e encontrou na Virgem de Nazaré a fidelidade absoluta e a entrega total. Saudemos a bendita de todas as gerações, aquela que acreditou e cantou as maravilhas que o Senhor realizou. Acolhamos a Mãe Imaculada, cantando.

(Entra a imagem de Maria carregada por uma mãe.)

Imaculada, Maria de Deus,
coração pobre acolhendo Jesus.
Imaculada, Maria do povo,
mãe dos aflitos que estão junto à cruz!

Um coração que era sim para a vida,
um coração que era sim para o irmão,
um coração que era sim para Deus,
Reino de Deus fecundando este chão.

2. Saudação inicial

P: Em nome do Pai e do Filho e do Espírito Santo.
T: Amém.
P: A graça de nosso Senhor Jesus Cristo que nos visita, o amor do Pai e a comunhão do Espírito Santo estejam convosco!
T: Bendito seja Deus que nos reuniu no amor de Cristo.
P: Irmãos e irmãs, com Maria, a mãe de Jesus, vamos rezar suplicando que venha nos visitar aquele que é o Senhor, o Adonai. Que a sua luz invada nosso coração e permaneça em nós!
(Enquanto se canta ou se reza, alguém acende as velas do presépio.)

Ó luz do Senhor, que vem sobre a terra,
inunda meu ser, permanece em nós! (2x)

P: Bendito sejais, Senhor Adonai, porque conduzis o vosso povo como o pastor cuida das ovelhas. Em vós esperamos e confiamos. Vinde nos visitar. Vinde, ó Bom Pastor, vinde nos visitar!
T: Vinde, ó Bom Pastor, vinde nos visitar!

3. Oração do dia

P: Ó Deus Todo-Poderoso, concedei a nós que gememos na antiga escravidão sob o jugo do pecado a graça de sermos libertados pelo novo Natal do vosso Filho, que tão ansiosamente esperamos. Por nosso Senhor Jesus Cristo, vosso Filho, na unidade do Espírito Santo.
T: Amém.

4. Liturgia da Palavra

Primeira leitura: Jeremias 23,5-8

Salmo: 71(72),2.12-13.18-19
L: Nos seus dias a justiça florirá e paz em abundância, para sempre.
T: Nos seus dias a justiça florirá e paz em abundância, para sempre.
L: Dai ao Rei vossos poderes, Senhor Deus, vossa justiça ao descendente da realeza! Com justiça ele governe o vosso povo, com equidade ele julgue os vossos pobres.
T: Nos seus dias a justiça florirá e paz em abundância, para sempre.
L: Libertará o indigente que suplica, e o pobre ao qual ninguém quer ajudar. Terá pena do indigente e do infeliz, e a vida dos humildes salvará.
T: Nos seus dias a justiça florirá e paz em abundância, para sempre.
L: Bendito seja o Senhor Deus de Israel, porque só ele realiza maravilhas! Bendito seja o seu nome glorioso! Bendito seja eternamente! Amém, amém!
T: Nos seus dias a justiça florirá e paz em abundância, para sempre.

Aclamação
Aleluia, Aleluia, Aleluia.
Ó Guia de Israel, que no Monte Sinai orientastes a Moisés: ó, vinde redimir-nos, com braço estendido!
Aleluia, Aleluia, Aleluia.

Evangelho: Mateus 1,18-24

5. Mensagem

Maria é a mãe protetora, cuidadora e amorosa. Seus cuidados dão calor ao Menino Jesus e o protegem da frieza deste mundo. Maria abriga, carrega e amamenta o Menino Deus. É a virgem silenciosa que medita sobre os fatos da vida sem compreender tudo. Ela pondera as palavras e sente com o coração o que os fatos significam. No presépio, geralmente ela está ajoelhada diante da criança. Isso revela o mistério desse nascimento: Deus se fez criança. Vamos adorá-lo. Ela é a mulher que acredita e reflete em seu coração sobre o que aconteceu. "Não devemos nos admirar de que tudo tenha se renovado com o nascimento de Cristo, pois também foi novo que uma virgem tenha concebido" (Santo Ambrósio).

6. Preces

P: Com Maria, invoquemos a nossa salvação dizendo:
T: Ó Adonai, vinde salvar-nos!
1. Vós, que preparastes Maria, concedei-nos acolher Jesus em nossa vida, nós suplicamos...
2. Vós, que tornastes Maria cheia de Graça, ajudai-nos a dizer nosso SIM...
3. Vós, que escolhestes Maria, tornai-nos fiéis ao Evangelho...
4. Vós, que orientastes Maria no caminho da vida, ajudai-nos em nossas dificuldades...
5. Vós, que fizestes de Maria a nossa mãe, acolhei a súplica de vossos filhos pela vida e pela paz...
(Preces da comunidade.)

P. Acolhei, ó Pai, nossas preces neste tempo de Advento, por Cristo nosso Senhor.
T: Amém.

P: Na esperança natalina que anima nosso coração, rezemos como o Senhor nos ensinou: Pai-Nosso...

7. Bênção

P: O Senhor esteja convosco.
T: Ele está no meio de nós.
P: Que o Deus de amor nos ilumine com o advento do seu Filho e derrame sobre nós as suas bênçãos.
T: Amém.
P: Que durante esta vida ele nos torne firmes na fé, alegres na esperança, fortes na caridade.
T: Amém.
P: Alegrando-nos agora pela vinda do Salvador feito homem, sejamos recompensados com a vida eterna, quando ele vier em sua glória.
T: Amém.
P: Abençoe-nos Deus Todo-Poderoso, Pai e Filho e Espírito Santo.
T: Amém.

8. No presépio

A: Vamos ao presépio com uma flor. Neste gesto, entreguemos para a Mãe de Deus nossas esperanças, alegrias e projetos. Enxergue em Maria a possibilidade de viver totalmente fiel a Deus, apesar dos conflitos e desafios do cotidiano. Contemple a postura adoradora da Mãe de Jesus e peça a ela que lhe ensine a meditar os fatos da vida com o coração mergulhado em Deus.

(Enquanto as flores são depositadas, pode-se cantar).

Senhor, atendei os pedidos,
Senhor, escutai nossa voz,
pois sempre serão atendidos
aqueles que esperam em vós.

Vinde, Senhor, visitar vosso povo,
em Jesus Cristo recriá-lo de novo.

19 DE DEZEMBRO

São José

Ó Raiz de Jessé, vinde salvar-nos!

> **Preparar:**
> • três velas;
> • a manjedoura; a imagem da Virgem Maria;
> • a imagem de São José.
> Cada participante da celebração recebe sementes (girassol, trigo etc.) para depositar no presépio.

1. Acolhida

A: Mais uma vez nos encontramos diante do presépio. Hoje queremos estar na companhia de José, o carpinteiro. Acolhamos São José, o esposo de Maria, o pai de Jesus. Ele nos revela a necessidade de contemplar os mistérios de Deus com paciência e entrega total. Vem, José, ajuda-nos a plantar um mundo novo, onde justiça e paz se abraçarão, onde reinem a verdade e o amor. Vem, José, queremos aprender contigo o silêncio de quem se abandona nas mãos de Deus e torna-se o próprio cuidador do Filho de Deus. Acolhamos São José, cantando.

(Entra a imagem de José carregada por um pai.)

Vem, Senhor Jesus, o mundo precisa de ti!
Ao mundo falta a vida... tu és a Vida. Vem, Senhor Jesus!
Ao mundo falta a paz.... tu és a Paz. Vem, Senhor Jesus!
Ao mundo falta a luz... tu és a Luz. Vem, Senhor Jesus!

2. Saudação inicial

P: Em nome do Pai e do Filho e do Espírito Santo.
T: Amém.
P: A graça de nosso Senhor Jesus Cristo que nos visita, o amor
do Pai e a comunhão do Espírito Santo estejam convosco!
T: Bendito seja Deus que nos reuniu no amor de Cristo.
P: Irmãos e irmãs, com São José vamos rezar, suplicando que
venha nos visitar aquele que muitas gerações esperaram, aquele
que descende do Rei Davi e de Jessé. Que a sua luz invada nosso
coração e permaneça em nós!
(Enquanto se canta ou se reza o refrão a seguir, alguém acende as velas do presépio.)

Ó luz do Senhor, que vem sobre a terra,
inunda meu ser, permanece em nós! (2x)

P: Bendito sejais, Raiz de Jessé, porque fazeis conosco um aliança que se estende de geração em geração. Em vós esperamos com
toda a família humana. Vinde nos visitar. Vinde, ó Raiz de Jessé,
vinde nos visitar!
T: Vinde, ó Raiz de Jessé, vinde nos visitar!

3. Oração do dia

P: Ó Deus, que revelastes ao mundo o esplendor da vossa glória pelo parto virginal de Maria, dai-nos venerar com fé pura e
celebrar sempre com amor sincero o mistério tão profundo da

encarnação. Por nosso Senhor Jesus Cristo, vosso Filho, na unidade do Espírito Santo.

T: Amém.

4. Liturgia da Palavra

Primeira leitura: Juízes 13,2-7.24-25

Salmo: 70(71)
L: Minha boca se encha de louvor, para que eu cante vossa glória.
T: Minha boca se encha de louvor, para que eu cante vossa glória.
L: Sede uma rocha protetora para mim, um abrigo bem seguro que me salve! Porque sois a minha força e meu amparo, o meu refúgio, proteção e segurança! Libertai-me, ó meu Deus, das mãos do ímpio.
T: Minha boca se encha de louvor, para que eu cante vossa glória.
L: Porque sois, ó Senhor Deus, minha esperança, em vós confio desde a minha juventude! Sois meu apoio desde antes que eu nascesse, desde o seio maternal, o meu amparo.
T: Minha boca se encha de louvor, para que eu cante vossa glória.
L: Cantarei vossos portentos, ó Senhor, lembrarei vossa justiça sem igual! Vós me ensinastes desde a minha juventude e até hoje canto as vossas maravilhas.
T: Minha boca se encha de louvor, para que eu cante vossa glória.

Aclamação
Aleluia, Aleluia, Aleluia.
Ó Raiz de Jessé, sinal das nações: ó, vinde livrar-nos, e não tardeis mais!
Aleluia, Aleluia, Aleluia.

Evangelho: Lucas 1,5-25.

5. Mensagem

A Bíblia nos diz que José é um homem justo, isto é, age corretamente. Diante da surpresa da gravidez de Maria, ele medita sobre como deve reagir, e Deus intervém em suas reflexões. Envia-lhe, em sonho, um anjo, que lhe explica o ocorrido e lhe pede para acolher Maria. José escuta a voz do sonho. Ele pensa e reflete sobre sua situação, mas aceita aquela mensagem que lhe mostra a realidade sob uma nova luz. Ele acolhe a mãe e a criança. José nos ensina a enfrentar a vida como um peregrino, um viajante, que sempre se coloca a caminho enquanto reflete e medita confiando em Deus. Se Maria é o colo materno, José é o braço protetor. Ele revela a importância de enfrentar as dificuldades da vida, sonhando um mundo melhor, capaz de ver o sonho de Deus realizado para a humanidade.

6. Preces

P: Com São José, supliquemos a Deus:
T: Libertai-nos, Senhor!
1. Das injustiças e da violência...
2. Da indiferença e do desamor...
3. Do pecado, da divisão e da falta de solidariedade...
4. Para sermos como José, justo e cuidador...

5. Para estarmos atentos aos vossos sinais em nossa vida e não cegos pelas falsas luzes que brilham ao nosso redor...

(Preces da comunidade.)

P: Acolhei, ó Pai, nossas preces neste tempo de Advento, por Cristo nosso Senhor.
T: Amém.

P: Suplicando que o Senhor nos livre de todos os males, para melhor acolher o Natal, rezemos: Pai-Nosso...

7. Bênção

P: O Senhor esteja convosco
T: Ele está no meio de nós.
P: Que o Deus de amor nos ilumine com o advento do seu Filho e derrame sobre nós as suas bênçãos.
T: Amém.
P: Que durante esta vida ele nos torne firmes na fé, alegres na esperança, fortes na caridade.
T: Amém.
P: Alegrando-nos agora pela vinda do Salvador feito homem, sejamos recompensados com a vida eterna, quando ele vier em sua glória.
T: Amém.
P: Abençoe-nos Deus Todo-Poderoso, Pai e Filho e Espírito Santo.
T: Amém.

8. No presépio

A: O presépio é o lugar de um tempo novo. Jesus é o grande semeador da Palavra que produz muito fruto para o bem de todos.

Vamos até o presépio, carregando nossas sementes que representam o desejo de plantar um mundo melhor, onde a fraternidade e a justiça floresçam no jardim de nossas vidas. Reze diante de José no presépio. Una-se a ele perante as situações difíceis de sua vida e aprenda com ele a confiar nos sinais de Deus que se apresentam no meio da noite escura. Num instante de silêncio, contemplando Maria e José no presépio, reze por sua família. Jogue as sementes da paz e peça a graça da unidade e do bom entendimento entre todos.

(As sementes são depositadas, enquanto se canta.)

Senhor, atendei os pedidos,
Senhor, escutai nossa voz.
Pois sempre serão atendidos
aqueles que esperam em vós.
Vinde, Senhor, visitar vosso povo,
em Jesus Cristo recriá-lo de novo.

20 DE DEZEMBRO

Os pastores de Belém

Ó Chave de Davi, vinde nos visitar!

> **Preparar:**
> • quatro velas;
> • a manjedoura; as imagens da Virgem Maria e de São José;
> • as imagens dos pastores.
> Cada participante da celebração recebe uma pequena pedra para depositar no presépio.

1. Acolhida

A: Sejam bem-vindos. O Natal está próximo e nosso presépio cada dia está mais completo. Hoje queremos rezar com os pastores que visitaram o Menino Jesus naquela noite feliz. Os pastores são trabalhadores, fazem vigília, saem noite adentro, não temem ladrões e animais selvagens. Guardam o rebanho e protegem as ovelhas, estão familiarizados com o escuro, a noite e o misterioso. São sensíveis aos sinais que aparecem no meio da noite. É por isso que acolheram a mensagem angelical de paz aos homens de boa vontade. Suas mãos calejadas se unem em oração, e diante do presépio suas faces rudes se suavizam e se iluminam. Acolhamos as imagens dos pastores, primeiros visitadores de Jesus e também os primeiros missionários que anunciaram o grande nascimento. Acolhendo os pastores, agradeçamos ao nosso único e divino Pastor: Jesus.

(Entram as imagens dos pastores carregadas por jovens, enquanto se canta.)

Pelos prados e campinas verdejantes eu vou,
o Senhor é que me leva a descansar.
Junto às fontes de águas puras, repousantes, eu vou,
minhas forças o Senhor vai animar.

Tu és, Senhor, o meu Pastor,
por isso nada em minha vida faltará. (2x)

2. Saudação inicial

P: Em nome do Pai e do Filho e do Espírito Santo.
T: Amém.
P: A graça de nosso Senhor Jesus Cristo que nos visita, o amor do Pai e a comunhão do Espírito Santo estejam convosco!
T: Bendito seja Deus que nos reuniu no amor de Cristo.
P: Irmãos e irmãs, com os pastores de Belém vamos rezar suplicando que venha nos visitar aquele que abre as portas do céu para nós. Ele é a Chave de Davi. Que a sua luz invada nosso coração e permaneça em nós!

(Enquanto se canta ou se reza o refrão a seguir, alguém acende as velas do presépio.)

Ó luz do Senhor, que vem sobre a terra,
inunda meu ser, permanece em nós! (2x)

P: Bendito sejais, ó Chave de Davi, porque abris as portas do Reino da justiça e da paz, do amor e do perdão. Em vós esperamos com a ternura do coração. Vinde nos visitar. Vinde, ó Chave de Davi, vinde nos visitar!
T: Vinde, ó Chave de Davi, vinde nos visitar!

3. Oração do dia

P: Senhor Deus, ao anúncio do anjo, a Virgem imaculada acolheu vosso Verbo inefável e, como habitação da divindade, foi inundada pela luz do Espírito Santo. Concedei que, a seu exemplo, abracemos humildemente a vossa vontade. Por nosso Senhor Jesus Cristo, vosso Filho, na unidade do Espírito Santo.
T: Amém.

4. Liturgia da Palavra

Primeira leitura: Isaías 7,10-14

Salmo: 23(24)
L: O Senhor vai entrar, é o Rei glorioso!
T: O Senhor vai entrar, é o Rei glorioso!
L: Ao Senhor pertence a terra e o que ela encerra, o mundo inteiro com os seres que o povoam; porque ele a tornou firme sobre os mares, e sobre as águas a mantém inabalável.
T: O Senhor vai entrar, é o Rei glorioso!
L: Quem subirá até o monte do Senhor, quem ficará em sua santa habitação? Quem tem mãos puras e inocente coração, quem não dirige sua mente para o crime.
T: O Senhor vai entrar, é o Rei glorioso!
L: Sobre este desce a bênção do Senhor e a recompensa de seu Deus e Salvador. É assim a geração dos que o procuram, e do Deus de Israel buscam a face.
T: O Senhor vai entrar, é o Rei glorioso!

Aclamação
Aleluia, Aleluia, Aleluia.
Ó Chave de Davi, que abre as portas do Reino eterno: ó, vinde e livrai do cárcere o preso, sentado nas trevas!
Aleluia, Aleluia, Aleluia.
Evangelho: Lucas 1,26-38

5. Mensagem

Com os pastores é preciso aprender a ser pobre no estilo do Evangelho: felizes os pobres em espírito, porque deles é o Reino dos céus. Trata-se de ser livre em relação aos próprios bens e ser capaz de partilhá-los sem olhar para trás. É preciso ser capaz de levar o pouco que temos para oferecer a Deus, como os pastores que visitaram o presépio. Eles eram ricos na sua pobreza. Pobres são aqueles que não têm pão, trabalho, afeto e saúde. Afinal, pobres somos todos. Necessitamos sempre de algo a ser partilhado. Ninguém é tão pobre que nada tenha a ofertar, e ninguém é tão rico que não precise de algo que os outros possam dar.

6. Preces

P: Rezemos juntos, portanto, pedindo ao Bom Pastor:
T: Vinde abrir os caminhos da paz!
1. Bom Pastor, livrai-nos dos desvios e conduzi-nos pela estrada do Evangelho...
2. Divino Pastor, ensinai-nos a cuidar das pessoas machucadas e esquecidas, das tristes e excluídas, das doentes e angustiadas...
3. Pastor Eterno, tornai-nos alegres mensageiros da esperança...
4. Porta do rebanho, fazei-nos missionários do tempo novo onde reine a justiça e a verdade...

5. Nosso Pastor, fazei que a nossa vida seja agradável a vós, Divino cuidador, e assim possamos cuidar das pessoas que nos são confiadas...

(Preces da comunidade.)

P: Acolhei, ó Pai, nossas preces neste tempo de Advento, por Cristo nosso Senhor.
T: Amém.

P: Para abrirmos o nosso coração ao Cristo que vem, rezemos juntos: Pai-Nosso...

7. Bênção

P: O Senhor esteja convosco.
T: Ele está no meio de nós.
P: Que o Deus de amor nos ilumine com o advento do seu Filho e derrame sobre nós as suas bênçãos.
T. Amém.
P: Que durante esta vida ele nos torne firmes na fé, alegres na esperança, fortes na caridade.
T: Amém.
P: Alegrando-nos agora pela vinda do Salvador feito homem, sejamos recompensados com a vida eterna, quando ele vier em sua glória.
T: Amém.
P: Abençoe-nos Deus Todo-Poderoso, Pai e Filho e Espírito Santo.
T: Amém.

8. No presépio

A: Em nossas mãos temos pedras. Elas simbolizam as pedras da estrada da vida. Muitas nos fazem tropeçar, outras são atiradas sobre nós e outras, ainda, nos desviam do caminho. Mas as pedras também podem sustentar a estrada, ladrilhar os caminhos e ornamentar os jardins. Levemos ao presépio as pedras de nossa vida, pois diante dele elas se transformam em calçadas que pavimentam o caminho trilhado pelos pastores. Vamos até ele com a ternura do coração dos pastores.

(Pode-se cantar, enquanto as pedras são depositadas.)

Senhor, atendei os pedidos,
Senhor, escutai nossa voz,
pois sempre serão atendidos
aqueles que esperam em vós.
Vinde, Senhor, visitar vosso povo,
em Jesus Cristo recriá-lo de novo.

21 DE DEZEMBRO

A estrela

Ó Sol nascente, vinde iluminar!

Preparar:
- cinco velas;
- a manjedoura; as imagens da Virgem Maria, de São José e dos pastores;
- a estrela.

Cada participante da celebração recebe uma pequena vela, que levará para sua casa, para colocar no presépio da família.

---

1. Acolhida

A: Irmãos e irmãs, na alegria do Natal que vem chegando, celebremos este encontro. Um símbolo importante do Natal é a estrela. Ela conduziu os magos até Belém. No Advento, a estrela recorda o Cristo-Luz, que conduz seu povo nos caminhos da vida. Seu brilho dissipa as trevas e convida a sermos luz para as pessoas, uma fonte de calor, vida e amor para todos. Acolhamos a estrela que representa a luz do Natal que vem sobre nós. É o próprio Cristo-Luz que vem nos visitar.

(Entra a estrela, carregada por um avô ou uma avó, enquanto se canta.)

Vem, Senhor Jesus, o mundo precisa de ti!
Ao mundo falta a vida... tu és a Vida. Vem, Senhor Jesus!
Ao mundo falta a paz... tu és a Paz. Vem, Senhor Jesus!
Ao mundo falta a luz... tu és a Luz. Vem, Senhor Jesus!

2. Saudação inicial

P: Em nome do Pai e do Filho e do Espírito Santo.
T: Amém.
P: A graça de nosso Senhor Jesus Cristo que nos visita, o amor do Pai e a comunhão do Espírito Santo estejam convosco!
T: Bendito seja Deus que nos reuniu no amor de Cristo.
P: Irmãos e irmãs, diante da estrela de Belém vamos rezar, suplicando que venha nos visitar aquele que é a própria luz divina. Que o seu brilho invada nosso coração e permaneça em nós!

(Enquanto se canta ou se reza o refrão a seguir, alguém acende as velas do presépio.)

Ó luz do Senhor, que vem sobre a terra,
inunda meu ser, permanece em nós! (2x)

P: Bendito sejais, ó Sol nascente, porque iluminais a nossa vida com o brilho do vosso amor. Em vós esperamos com a ternura do coração. Vinde nos visitar. Vinde, ó Sol nascente, vinde nos visitar!
T: Vinde, ó Sol nascente, vinde nos visitar!

3. Oração do dia

P: Ouvi com bondade, ó Deus, as preces do vosso povo, para que, alegrando-nos hoje com a vinda do vosso Filho em nossa carne, alcancemos o prêmio da vida eterna, quando ele vier na

sua glória. Por nosso Senhor Jesus Cristo, vosso Filho, na unidade do Espírito Santo.
T: Amém.

4. Liturgia da Palavra

Primeira leitura: Sofonias 3,14-18b

Salmo: 32(33)
L: Ó justos, alegrai-vos no Senhor!
T: Ó justos, alegrai-vos no Senhor!
L: Dai graças ao Senhor ao som da harpa, na lira de dez cordas celebrai-o! Cantai para o Senhor um canto novo, com arte sustentai a louvação!
T: Ó justos, alegrai-vos no Senhor!
L: Pois reta é a palavra do Senhor, e tudo o que ele faz merece fé. Deus ama o direito e a justiça, transborda em toda a terra a sua graça.
T: Ó justos, alegrai-vos no Senhor!
L: Feliz o povo cujo Deus é o Senhor, e a nação que escolheu por sua herança! Sobre nós venha, Senhor, a vossa graça, da mesma forma que em vós nós esperamos!
T: Ó justos, alegrai-vos no Senhor!

Aclamação
Aleluia, Aleluia, Aleluia.
Ó Sol nascente, esplendor da luz eterna e sol de justiça: ó, vinde e iluminai os que estão sentados nas trevas da morte!
Aleluia, Aleluia, Aleluia.

Evangelho: Lucas 1,39-45

5. Mensagem

Depois de verem a estrela, os magos do Oriente deixaram-se guiar por ela até o presépio. Com o nascimento de Cristo, brilha a estrela que clareia todo o coração humano. Porque, vindo das alturas, ele trouxe a Luz para nós, que nos encontramos na escuridão e na sombra da morte. O Natal é um convite para nos tornarmos uma estrela que ilumina a noite e a escuridão que nos cerca. A estrela é o astro da fé que conduz homens e mulheres de todos os tempos, na busca da verdade. A estrela mostra o caminho, acompanha e aproxima o peregrino da luz verdadeira que nunca se apaga. Ela brilha todos os dias do ano, pois Deus é luz e nele não há trevas.

6. Preces

P: Supliquemos sua presença iluminadora para o nosso mundo e digamos...
T: Ó Sol nascente, iluminai-nos!
1. Para que a luz do Natal aqueça os corações feridos e desperte em nós novo sentido para testemunharmos Jesus Cristo hoje e sempre...
2. Que o brilho da noite santa de Natal inunde as pessoas e as comunidades para que toda sociedade seja transformada na justiça e na paz...
3. Para que a luminosidade do Menino de Belém fortaleça nossas famílias e clareie as trevas daqueles que perderam a alegria de viver...
4. Para que a luz e o calor do presépio nos tornem pessoas acolhedoras e capazes de amar a todos como o Menino Jesus que abriu seus braços para a humanidade...
5. Para iluminar a vida de todos os que confiaram em nossas orações e pediram que rezássemos por eles, para que o Cristo conceda sua graça aos seus corações...
(Preces da comunidade.)

P: Acolhei, ó Pai, nossas preces neste tempo de Advento, por Cristo nosso Senhor.
T: Amém.

P: Para que o nosso coração seja um presépio onde reina o perdão e a paz, rezemos: Pai-Nosso...

7. Bênção

P: O Senhor esteja convosco.
T: Ele está no meio de nós.
P: Que o Deus de amor nos ilumine com o advento do seu Filho e derrame sobre nós as suas bênçãos.
T: Amém.
P: Que durante esta vida ele nos torne firmes na fé, alegres na esperança, fortes na caridade.
T: Amém.
P: Alegrando-nos agora pela vinda do Salvador feito homem, sejamos recompensados com a vida eterna, quando ele vier em sua glória.
T: Amém.
P: Abençoe-nos Deus Todo-Poderoso, Pai e Filho e Espírito Santo.
T: Amém.

8. No presépio

A: Em plena noite brilha a estrela de Cristo. Ela ilumina nossa vida a partir da fé e da esperança. Essa estrela indica que não somos apenas da terra, pois somos destinados ao céu. Em Cristo cada um de nós encontre o sentido profundo de brilhar na terra para um dia habitar no brilho do céu. Neste Natal, vamos nos iluminar com os raios do Sol de Cristo. Vamos abençoar as velas que levaremos aos presépios de nossas casas. Elas nos recordam de que devemos ser luz para a família. Na noite de Natal, vamos acender esta vela e rezar diante do presépio.

9. Bênção das velas

P: Senhor, nosso Deus, fonte e origem de toda luz, que fazeis resplandecer o nosso coração com o nascimento de Cristo, verdadeira luz do mundo: concedei a quantos acenderem estas velas a claridade daquela intensa luz, que a todos transforma à imagem do vosso Filho, Jesus Cristo, que é Deus convosco, na unidade do Espírito Santo!
T: Amém.

10. Compromisso

A: Amanhã vamos meditar sobre os magos. Eles foram até Belém para oferecer ao Menino-Deus seus presentes. Cada um de nós é convidado a trazer algum donativo para ser presenteado a alguém. Podem ser roupas de bebê, fraldas, alimentos ou brinquedos. Esses serão os presentes que depositaremos no presépio. Cantemos.

Senhor, atendei os pedidos,
Senhor, escutai nossa voz,
pois sempre serão atendidos
aqueles que esperam em vós.
Vinde, Senhor, visitar vosso povo,
em Jesus Cristo recriá-lo de novo.

22 DE DEZEMBRO

Os magos do Oriente

Ó Rei das Nações, vinde reinar!

> **Preparar:**
> - seis velas;
> - a manjedoura;
> - as imagens da Virgem Maria, de São José, dos pastores; a estrela;
> - as imagens dos reis magos;
> - um cesto diante do presépio, para recolher as doações.
>
> Cada participante levará suas doações diante do presépio no final da celebração.

1. Acolhida

A: Com alegria acolhemos a todos. Hoje vamos rezar, contemplando a caminhada dos magos que foram até Jesus, guiados pela estrela. Como os sábios do Oriente, que procuravam a verdade, também nós caminhamos nas estradas da vida em busca da verdade: Jesus Cristo. Como os magos, queremos preparar nossas oferendas para apresentá-las ao Cristo. Vamos acolher as imagens dos magos, cantando.

(Entram as imagens dos magos, carregadas por três pessoas da comunidade.)

Vem, Senhor Jesus, o mundo precisa de ti!
Ao mundo falta a vida... tu és a Vida. Vem, Senhor Jesus!
Ao mundo falta a paz... tu és a Paz. Vem, Senhor Jesus!
Ao mundo falta a luz... tu és a Luz. Vem, Senhor Jesus!

2. Saudação inicial

P: Em nome do Pai e do Filho e do Espírito Santo.
T: Amém.
P: A graça de nosso Senhor Jesus Cristo que nos visita, o amor do Pai e a comunhão do Espírito Santo estejam convosco!
T: Bendito seja Deus que nos reuniu no amor de Cristo.
P: Irmãos e irmãs, com os magos do Oriente vamos rezar, suplicando que venha nos visitar aquele que é o único rei de todas as nações. Que a sua luz invada nosso coração e permaneça em nós!

(Enquanto se canta ou se reza o refrão seguinte, alguém acende as velas do presépio.)

Ó luz do Senhor, que vem sobre a terra,
inunda meu ser, permanece em nós! (2x)

P: Bendito sejais, ó Rei das Nações, porque governais o mundo com ternura e amor. Em vós esperamos para criar um mundo novo. Vinde nos visitar. Vinde, ó Rei das Nações, vinde nos visitar!
T: Vinde, ó Rei das Nações, vinde nos visitar!

3. Oração do dia

P: Deus de misericórdia, vendo o ser humano entregue à morte, quisestes salvá-lo pela vinda do vosso Filho; fazei que, ao proclamar humildemente o mistério da encarnação, entremos em comunhão com o Redentor. Por nosso Senhor Jesus Cristo, vosso Filho, na unidade do Espírito Santo.
T: Amém.

4. Liturgia da Palavra

Primeira leitura: 1 Samuel 1,24-28

Salmo: 1 Samuel 2
L: Meu coração exultou no meu Senhor, Salvador.
T: Meu coração exultou no meu Senhor, Salvador.
L: Exulta no Senhor meu coração, e se eleva a minha fronte no meu Deus. Minha boca desafia os meus rivais porque me alegro com a vossa salvação!
T: Meu coração exultou no meu Senhor, Salvador.
L: O arco dos fortes foi dobrado, foi quebrado, mas os fracos se vestiram de vigor. Os saciados se empregaram por um pão, mas os pobres e os famintos se fartaram. Muitas vezes deu à luz a que era estéril, mas a mãe de muitos filhos definhou.
T: Meu coração exultou no meu Senhor, Salvador.
L: É o Senhor quem dá a morte e dá a vida, faz descer à sepultura e faz voltar. É o Senhor quem faz o pobre e faz o rico, é o Senhor quem nos humilha e nos exalta.
T: Meu coração exultou no meu Senhor, Salvador.
L: O Senhor ergue do pó o homem fraco, e do lixo ele retira o indigente, para fazê-los assentar-se com os nobres num lugar de muita honra e distinção.
T: Meu coração exultou no meu Senhor, Salvador.

Aclamação
Aleluia, Aleluia, Aleluia.
Ó Rei e Senhor das nações, Pedra angular da Igreja: ó, vinde salvar mulher e homem, que, um dia, formastes do barro.
Aleluia, Aleluia, Aleluia.

Evangelho: Lucas 1,39-45

5. Mensagem

Os magos, vindos do Oriente, procuravam o Rei dos judeus, cujo nascimento fora anunciado a eles por uma estrela. Eles vêm de diferentes caminhos e anseiam pela Criança Divina. Eles representam o ser humano de diferentes raças e culturas, de diversas religiões e costumes, que pretendem descobrir o mistério da vida. Quem é o ser humano? Quem é Deus? De onde vim e para onde vou? Quem persiste na caminhada chega ao fim, onde está Deus feito carne. A busca da verdade leva ao Cristo, e por isso não precisamos temer outras direções, porque elas não trazem perigo para nossa fé cristã. Quando encontram Jesus, os magos se ajoelham, adorando o Menino Deus, e lhe oferecem ouro, incenso e mirra. O ouro revela a realeza do Menino, que se manifesta em seu amor e brilha diante de Deus e dos homens. O incenso é o perfume agradável da oração, que atravessa as portas fechadas e abre o coração humano para Deus, sinal do sacerdócio e da divindade do Menino. A mirra é uma erva que serve de remédio para as feridas. É também usada nos ritos funerários. Ela recorda a dor e a cruz que o Rei-Sacerdote deverá enfrentar pela rejeição do seu amor e, assim, curar nossas feridas.

6. Preces

P: Rezemos ao nosso Deus, nosso Rei e Salvador:
T: Venha a nós o vosso Reino!
1. Para respeitarmos as diferentes culturas, raças e pessoas, promovendo o diálogo fraterno e a amizade comum daqueles que trabalham pela paz...
2. Por todos os que procuram a Deus de coração sincero, para que sejam guiados pela luz da fé e encontrem Jesus Cristo...

3. Pelas pessoas que cansaram de buscar a Deus, pelos desanimados da comunidade cristã, para que a estrela natalina desperte novo desejo de encontrar a Deus...

4. Para que o nosso trabalho e a nossa vida colaborem na construção de um mundo melhor...

5. Para que não sejamos confundidos diante dos muitos reinos deste mundo, a fim de que tenhamos a clareza de escolher, dentre os bens que passam, aqueles que são eternos...

(Preces da comunidade.)

P: Acolhei, ó Pai, nossas preces neste tempo de Advento, por Cristo nosso Senhor.

T: Amém.

P: Suplicando a vinda de Cristo e do Reino de Deus, rezemos juntos como o Senhor nos ensinou: Pai-Nosso...

7. Bênção

P: O Senhor esteja convosco.

T: Ele está no meio de nós.

P: Que o Deus de amor nos ilumine com o advento do seu Filho e derrame sobre nós as suas bênçãos.

T. Amém.

P: Que durante esta vida ele nos torne firmes na fé, alegres na esperança, fortes na caridade.

T: Amém.

P: Alegrando-nos agora pela vinda do Salvador feito homem, sejamos recompensados com a vida eterna, quando ele vier em sua glória.

T: Amém.

P: Abençoe-nos Deus Todo-Poderoso, Pai, Filho e Espírito Santo.

T: Amém.

8. No presépio

A: Deixemo-nos guiar pelo anseio de amar e, adorando o Menino Deus, abramos o cofre do nosso coração e lhe ofereçamos nossa vida, marcada pelo ouro do amor, pelo incenso de nossas buscas e anseios, e pela mirra de nossas dores e angústias. Cantando, coloquemos também os donativos que trouxemos para marcar concretamente esse amor que emana do presépio e invade nosso coração.

Senhor, atendei os pedidos,
Senhor, escutai nossa voz,
pois sempre serão atendidos
aqueles que esperam em vós.
Vinde, Senhor, visitar vosso povo,
em Jesus Cristo recriá-lo de novo.

23 DE DEZEMBRO

Os anjos do Natal

Ó Emanuel, ficai conosco!

> **Preparar:**
> - sete velas;
> - a manjedoura; as imagens da Virgem Maria, de São José, dos pastores, dos magos; a estrela;
> - as imagens dos anjos;
> - pequenos cartões de Natal em branco, para todos os participantes;
> - canetas para escrever nos cartões.

1. Acolhida

A: Sejam todos bem-vindos. Com os anjos, cantores do nascimento de Jesus, queremos rezar e refletir. Os anjos são mensageiros de Deus que anunciam sua Palavra ao mundo. São mensageiros de uma realidade profunda e invisível. Unem o céu e a terra. Quando o anjo avisa os pastores sobre o nascimento de Jesus, o brilho divino cerca-os de luz. A vida fica iluminada. O anjo tem a missão de trazer alegria ao nosso cotidiano, porque sua mensagem sempre revela a proximidade da salvação de Deus. Ao anjo dos pastores juntam-se muitos outros anjos. Eles nos fazem participar da leveza do ser que acolhe o Deus que salva e ilumina. Acolhamos a imagem do anjo que anunciou a noite feliz, cantando.

(Entra a imagem do anjo, carregada por crianças.)

Noite feliz, noite feliz.
Eis que no ar vêm cantar
aos pastores os anjos do céu,
anunciando a chegada de Deus,
de Jesus Salvador, de Jesus Salvador.

2. Saudação inicial

P: Em nome do Pai e do Filho e do Espírito Santo.
T: Amém.
P: A graça de nosso Senhor Jesus Cristo que nos visita, o amor do Pai e a comunhão do Espírito Santo estejam convosco!
T: Bendito seja Deus que nos reuniu no amor de Cristo.
P: Irmãos e irmãs, com os anjos mensageiros do Natal vamos rezar, suplicando que venha nos visitar aquele que nunca nos abandona, aquele que sempre está em nosso meio. Que a sua luz invada nosso coração e permaneça em nós!

(Enquanto se canta ou se reza o refrão seguinte, alguém acende as velas do presépio.)

Ó luz do Senhor, que vem sobre a terra,
inunda meu ser, permanece em nós! (2x)

P: Bendito sejais, ó Emanuel, porque estais sempre conosco e nos visitais com a ternura do vosso amor. Em vós esperamos e confiamos. Vinde nos visitar. Vinde, ó Emanuel, vinde nos visitar!
T: Vinde, ó Emanuel, vinde nos visitar!

3. Oração do dia

P: Deus Eterno e Todo-Poderoso, ao aproximar-nos do Natal do vosso Filho, concedei-nos obter a misericórdia do Verbo, que se encarnou no seio da Virgem e quis viver entre nós. Por nosso Senhor Jesus Cristo, vosso Filho, na unidade do Espírito Santo. **T: Amém.**

4. Liturgia da Palavra

Primeira leitura: Malaquias 3,1-4.23-24

Salmo: 24(25)
L: Levantai vossa cabeça e olhai, pois a vossa redenção se aproxima!
T: Levantai vossa cabeça e olhai, pois a vossa redenção se aproxima!
L: Mostrai-me, ó Senhor, vossos caminhos, e fazei-me conhecer a vossa estrada! Vossa verdade me oriente e me conduza, porque sois o Deus da minha salvação!
T: Levantai vossa cabeça e olhai, pois a vossa redenção se aproxima!
L: O Senhor é piedade e retidão, e reconduz ao bom caminho os pecadores. Ele dirige os humildes na justiça, e aos pobres ele ensina o seu caminho.
T: Levantai vossa cabeça e olhai, pois a vossa redenção se aproxima!
L: Verdade e amor são os caminhos do Senhor para quem guarda sua Aliança e seus preceitos. O Senhor se torna íntimo aos que o temem e lhes dá a conhecer sua Aliança.
T: Levantai vossa cabeça e olhai, pois a vossa redenção se aproxima!

Aclamação
Aleluia, Aleluia, Aleluia.
Ó Emanuel, Deus conosco: ó, vinde e permanecei entre nós.
Aleluia, Aleluia, Aleluia.

Evangelho: Lucas 1,57-66

5. Mensagem

Os anjos são mensageiros da paz. Que os anjos nos ensinem a anunciar o tempo no qual o perdão supere o ódio, a concórdia ocupe o lugar da vingança e o desejo de poder seja vencido pela capacidade de amar. Como no tempo do presépio, queremos ser homens e mulheres de boa vontade, que desejam construir um mundo novo, onde Jesus seja Mestre e Senhor, onde justiça e paz se abraçarão. Precisamos trabalhar juntos pela paz; é preciso que toda comunidade se torne mensageira da paz, anjo da Boa-Nova de Cristo. O presépio é um convite para acolhermos a renovada oferta de Deus para nos colocarmos no caminho da paz que sai do coração de Jesus.

6. Preces

P: Felizes, porque o Natal está bem próximo, roguemos ao Cristo Jesus que permaneça sempre no meio de nós, pois ele é o Emanuel, o Deus-conosco. Digamos...
T: Emanuel, ficai conosco!
1. Para sermos anunciadores da alegria do Natal durante todo ano que vem...
2. Para acolhermos as surpresas da vida e encontrarmos nelas os sinais da vossa presença amorosa...

3. Para sairmos do nosso lugar e procurarmos a vida que se manifesta em nosso meio, como fizeram os pastores de Belém...

4. Diante das crises e alegrias da humanidade inteira, nas esperanças e angústias da nossa família, para sermos capazes de perceber a vossa companhia...

5. Quando a noite do medo e da incerteza chegar, para dissipar, com a vossa luz, as trevas do erro e da morte...

(Preces da comunidade.)

P: Acolhei, ó Pai, nossas preces neste tempo de Advento, por Cristo nosso Senhor.

T: Amém.

P: Obedientes à Palavra de nosso Salvador e formados pelo seu divino ensinamento, rezemos: Pai-Nosso...

7. Bênção

P: O Senhor esteja convosco.

T: Ele está no meio de nós.

P: Que o Deus de amor nos ilumine com o advento do seu Filho e derrame sobre nós as suas bênçãos.

T: Amém.

P: Que durante esta vida ele nos torne firmes na fé, alegres na esperança, fortes na caridade.

T: Amém.

P: Alegrando-nos agora pela vinda do Salvador feito homem, sejamos recompensados com a vida eterna, quando ele vier em sua glória.

T: Amém.

P: Abençoe-nos Deus Todo-Poderoso, Pai e Filho e Espírito Santo.

T: Amém.

8. No presépio

A: Vamos pegar os cartões que foram preparados para este encontro. Procuremos escrever uma frase de Feliz Natal e dedicá-la às pessoas que precisam de uma palavra de esperança. Faça com que seu cartão seja um anjo, um mensageiro de paz e alegria onde falta fé. Em seguida, cantando, vamos colocar próximo ao presépio esses cartões, simbolizando que colocamos diante de Jesus o coração dos amigos e parentes, para que sejam abençoados no Natal.

Senhor, atendei os pedidos,
Senhor, escutai nossa voz,
pois sempre serão atendidos
aqueles que esperam em vós.
Vinde, Senhor, visitar vosso povo,
em Jesus Cristo, recriá-lo de novo.

24 DE DEZEMBRO

O Menino Jesus

Deus nos visitou!

Preparar:
- sete velas;
- o presépio;
- a imagem do Menino Jesus;
- velas para todos os participantes.

---

1. Acolhida

A: Irmãos e irmãs, há vários dias rezamos, preparando o nascimento de Jesus. Hoje temos a alegria de celebrar sua presença entre nós na Palavra e na Eucaristia. Que este encontro fraterno abra nossos olhos e nosso coração para acolher o mundo novo que Jesus veio trazer. Iniciemos nossa celebração, cantando.

Cristãos, vinde todos,
com alegres cantos,
ó vinde, ó vinde até Belém.
Vede nascido vosso Rei eterno.
Ó vinde adoremos, ó vinde adoremos,
ó vinde adoremos o Salvador!

Humildes pastores
deixam seus rebanhos
e alegres acorrem ao Rei dos céus.
Nós igualmente, cheios de alegria.
Ó vinde adoremos, ó vinde adoremos,
Ó vinde adoremos o Salvador!

2. Saudação inicial

P: Em nome do Pai e do Filho e do Espírito Santo.
T: Amém.
P: A graça de nosso Senhor Jesus Cristo que nos visita nesta noite santa, o amor do Pai e a comunhão do Espírito Santo estejam convosco
T: Bendito seja Deus que nos reuniu no amor de Cristo.
P: Invadidos pelo amor de Deus, cantemos um hino de louvor ao Deus que nos visita nesta noite santa.

Glória a Deus e paz na terra,
hinos cantemos de louvor,
hinos de paz e de alegria,
hinos dos anjos do Senhor.
Glória a Deus nas alturas! (2x)

Foi nessa noite venturosa,
do nascimento do Senhor,
que anjos em voz harmoniosa
deram a Deus o seu louvor.
Glória a Deus nas alturas! (2x)

3. Oração do dia

P. Ó Deus, que fizestes resplandecer essa noite santa com a claridade da verdadeira Luz, concedei que, tendo vislumbrado na terra este mistério, possamos gozar no céu sua plenitude. Por nosso Senhor Jesus Cristo, vosso Filho, na unidade do Espírito Santo. **T: Amém.**

4. Liturgia da Palavra

Primeira leitura: Isaías 9,1-6

Salmo: 95(96)
L: Hoje nasceu para nós o Salvador, que é Cristo, o Senhor!
T: Hoje nasceu para nós o Salvador, que é Cristo, o Senhor!
L: Cantai ao Senhor Deus um canto novo, cantai ao Senhor Deus, ó terra inteira, cantai e bendizei seu santo nome.
T: Hoje, nasceu para nós o Salvador, que é Cristo, o Senhor!
L: Dia após dia anunciai sua salvação, manifestai sua glória entre as nações e, entre os povos do universo, seus prodígios!
T: Hoje, nasceu para nós o Salvador, que é Cristo, o Senhor!
L: O céu se rejubile e exulte a terra, aplauda o mar com o que vive em suas águas; os campos com seus frutos rejubilem e exultem as florestas e as matas.
T: Hoje nasceu para nós o Salvador, que é Cristo, o Senhor!
L: Na presença do Senhor, pois ele vem, porque vem para julgar a terra inteira. Governará o mundo todo com justiça, e os povos julgará com lealdade.
T: Hoje nasceu para nós o Salvador, que é Cristo, o Senhor!

Aclamação
Aleluia, Aleluia, Aleluia.
Eu vos trago a Boa-Nova de uma grande alegria: é que hoje vos nasceu o Salvador, Cristo, o Senhor.
Aleluia, Aleluia, Aleluia.

Evangelho: Lucas 2,1-14

Entrada do Menino Jesus

(Após a leitura do Evangelho, um grupo de crianças pode trazer o Menino Jesus e depositá-lo na manjedoura, enquanto se canta.)

P: Acolhendo a imagem do Menino Deus em nosso presépio, cantemos.

Noite feliz, noite feliz,
ó Senhor, Deus de Amor,
pobrezinho nasceu em Belém.
Eis na lapa Jesus nosso bem.
Dorme em paz, ó Jesus,
dorme em paz, ó Jesus.

5. Mensagem

Deus se fez carne e habitou entre nós. Ele vem a nós como um menino silencioso, como uma criança frágil, como um recém-nascido. Não há nada que cause menos temor do que um bebê. E é esta a grandeza do Natal: Deus aproxima-se de nós na mansidão de uma criança, para que ninguém fuja dele, para que todos sejam atraídos ao presépio. Quem olha para aquele menino, reclinado na manjedoura, sente-se atraído pelo mistério de sua vida, mas aproximando-se mais percebe a sua divindade. Ele é o Deus conosco, Jesus é Deus. Aquele que ninguém viu e jamais alguém contemplou apresentou-se a nós como um irmão na fragilidade do filho de Maria, na grandiosidade do Deus encarnado. Que saibamos acolher essa graça de sentir o quanto somos amados por Deus e por isso queremos unir nossas vozes a toda comunidade humana para dizer: Glória a Deus nas alturas e paz na terra!

6. Preces

P: Com seu nascimento, Jesus coloca-se em meio aos acontecimentos de nossa vida. Por isso queremos agradecer e louvar seu santo nome porque ele está sempre no meio de nós. Digamos:
T: Louvado seja o vosso nome para sempre!
1. Ó Jesus, Filho amado do Pai, pela alegria do vosso nascimento...
2. Ó Jesus, Luz da Luz, Deus presente em nossa história...
3. Ó Jesus, nossa esperança de salvação e de libertação...
4. Ó Jesus, presente do Pai dado para a vida do mundo...
5. Ó Jesus, Caminho, Verdade e Vida...
(Preces da comunidade.)

P: Acolhei ó Pai nosso louvor nesta noite de Natal, por Cristo nosso Senhor.
T: Amém.
P: Na alegria do Natal, rezemos como o próprio Jesus ensinou:
Pai-Nosso...

7. Diante do presépio

(Podem-se apagar algumas luzes do ambiente e deixar somente a luz do presépio. Se desejar, pode-se dar uma vela para cada participante rezar diante do presépio.)

P: Visite o presépio. Olhe o Menino nas palhas da manjedoura e coloque-se de joelhos, como Maria e José, para adorar o mistério que envolve tudo e todos. Escute o canto dos anjos e perceba a paz que invade os pastores e seu rebanho, acolha essa paz em sua vida. Contemple o brilho da estrela que guiou os magos até o presépio. Com eles, apresente sua vida, sua família e toda a humanidade, como presente agradável ao Menino. Cante, porque esta é a noite feliz!

Noite feliz, noite feliz,
eis que no ar vêm cantar
aos pastores os anjos do céu,

anunciando a chegada de Deus,
de Jesus Salvador,
de Jesus Salvador.

Noite feliz, noite feliz,
ó Jesus, Deus da luz,
quão afável é teu coração,
que quiseste nascer nosso irmão,
e a nós todos salvar,
e a nos todos salvar.

8. Bênção da noite de Natal

P: O Senhor esteja convosco
T: Ele está no meio de nós.
P: Ó Deus de infinita bondade, que pela encarnação do seu Filho expulsou as trevas do mundo e com seu glorioso nascimento transfigurou este dia, expulse do nosso coração as trevas dos vícios e nos transfigure com a luz das virtudes.
T: Amém.
P: Aquele que anunciou aos pastores pelo anjo a grande alegria do nascimento do Salvador derrame em nosso coração a sua alegria e nos torne mensageiros do Evangelho.
T: Amém.
P: Aquele que pela encarnação do seu Filho uniu a terra ao céu nos conceda a sua paz e seu amor, e nos torne participantes da Igreja celeste.
T: Amém.
P: Abençoe-nos Deus Todo-Poderoso, Pai e Filho e Espírito Santo.
T: Amém.

O presépio em família

Orientações práticas

Esta é uma sugestão de roteiro para celebrar o Natal em família. Algumas semanas antes do Natal, a família se reúne e reza enquanto acontece a montagem do presépio, sem colocar a imagem do Menino Jesus. É importante envolver as crianças nessa preparação e explicar o sentido de cada peça do presépio.

É muito importante preparar os símbolos e garantir a participação de todos, distribuindo as leituras e os comentários, cantando o que se sugere (ou escolhendo outros cantos mais conhecidos pela família) e fazendo preces espontâneas.

Antes de começar a montagem, é preciso providenciar um local para o presépio. Usando a criatividade e os recursos disponíveis, é conveniente preparar um estábulo ou gruta, o pasto e a paisagem onde se representará a cena do divino nascimento. Para o dia 24 de dezembro, há uma sugestão de entronização do Menino Jesus no presépio, que poderá ser feita antes da Ceia do Natal.

Abreviaturas

A = Animador, aquele que anima e faz os comentários da celebração.

P = Quem dirige a oração; pode ser o pai ou a mãe.

T = Todos

A preparação do presépio

Preparar:
- uma vela;
- a manjedoura;
- imagens de Maria, de São José, dos pastores e dos reis magos;
- a estrela.

1. Manjedoura

A: Sejam todos bem-vindos ao presépio. Iniciemos a nossa preparação ao Natal de Jesus. Juntos, vamos montar a cena do nascimento de Jesus, meditando sobre o significado do nascimento do Salvador. Iniciemos colocando a manjedoura no presépio. Ela é símbolo de acolhida. Saibamos preparar uma manjedoura para Jesus em nosso coração. Vamos acolher o berço do Menino Jesus, cantando.
(Entra a manjedoura carregada por crianças.)

Vem, Senhor Jesus, o mundo precisa de ti!
Ao mundo falta a vida... tu és a Vida. Vem, Senhor Jesus!
Ao mundo falta a paz... tu és a Paz. Vem, Senhor Jesus!
Ao mundo falta a luz... tu és a Luz. Vem, Senhor Jesus!

2. Sinal da Cruz

P: Em nome do Pai e do Filho e do Espírito Santo.
T: Amém.
P: A graça de nosso Senhor Jesus Cristo que nos visita, o amor do Pai e a comunhão do Espírito Santo estejam convosco!
T: Bendito seja Deus que nos reuniu no amor de Cristo.

3. A Virgem Maria

A: Deus preparou uma Mãe que fosse digna de seu Filho e encontrou na Virgem de Nazaré a fidelidade absoluta e a entrega total. Saudemos a Bendita de todas as gerações, aquela que acreditou e cantou as maravilhas que o Senhor realizou. Acolhamos a Mãe Imaculada, rezando: Ave-Maria...

(Colocar a imagem de Maria no presépio.)

P: No presépio, geralmente Maria está ajoelhada diante da criança. Isto revela o mistério desse nascimento: Deus se fez criança. Vamos adorá-lo. Ela é a mulher que acredita e reflete em seu coração sobre o que aconteceu. "Não devemos nos admirar que tudo tenha se renovado com o nascimento de Cristo, pois também foi novo que uma virgem tenha concebido" (Santo Ambrósio).

P: Rogai por nós, Santa Mãe de Deus.
T: Para que sejamos dignos das promessas de Cristo.

4. São José

A: Acolhamos São José, o esposo de Maria, o pai de Jesus. Ele nos revela a necessidade de contemplar os mistérios de Deus com paciência e entrega total. Vem, José, ajuda-nos a plantar um mundo novo, onde justiça e paz se abraçarão, onde reinem a verdade e o amor. Vem, José, queremos aprender contigo o silêncio de quem se abandona nas mãos de Deus e torna-se o próprio cuidador do Filho de Deus. Acolhamos São José, cantando.

(Colocar a imagem de José no presépio. Enquanto se canta ou se reza o refrão a seguir, alguém acende a vela do presépio.)

Ó luz do Senhor, que vem sobre a terra,
inunda meu ser, permanece em nós! (2x)

P: A Bíblia nos diz que José é um homem justo, isto é, age corretamente. Diante da surpresa da gravidez de Maria, ele medita sobre como deve reagir, e Deus intervém em suas reflexões. Ele acolhe a mãe e a criança. Se Maria é o colo materno, José é o braço protetor. Ele revela a importância de enfrentar as dificuldades da vida, sonhando um mundo melhor.

P: São José.
T: Rogai por nós.

5. Os pastores

A: Os pastores são trabalhadores, fazem vigília, saem noite adentro, não temem ladrões e animais selvagens. Guardam o rebanho e protegem as ovelhas, estão familiarizados com o escuro, a noite e o misterioso. São sensíveis aos sinais que aparecem no meio da noite. Acolhendo os pastores, agradeçamos ao nosso único e divino Pastor: Jesus. Cantemos.
(Colocar as imagens dos pastores no presépio.)

Pelos prados e campinas verdejantes eu vou,
o Senhor é que me leva a descansar.
Junto às fontes de águas puras, repousantes, eu vou,
minhas forças, o Senhor vai animar.

Tu és, Senhor, o meu Pastor,
por isso nada em minha vida faltará. (2x)

P: Rezemos juntos, pedindo a luz do Bom Pastor:
T: Senhor Jesus, atendei-nos.
1. Bom Pastor, abençoai nossa família...
2. Divino Pastor, ensinai-nos a cuidar de quem precisa de nós...
3. Pastor Eterno, tornai-nos alegres mensageiros da esperança...
4. Nosso Pastor, fazei que a nossa vida seja agradável a vós...

(Preces espontâneas.)

P: Acolhei, ó Pai, nossas preces, por Cristo nosso Senhor.
T: Amém.

6. A estrela

A: Um símbolo importante do Natal é a estrela. Ela conduziu os magos até Belém. No Advento, a estrela recorda o Cristo Luz, que conduz seu povo nos caminhos da vida. Acolhamos a estrela que representa a luz do Natal que vem sobre nós. É o próprio Cristo-Luz que vem nos visitar. Cantemos.
(Colocar a estrela no presépio.)

Vem, Senhor Jesus, o mundo precisa de ti!
Ao mundo falta a vida... tu és a Vida. Vem, Senhor Jesus!
Ao mundo falta a paz... tu és a Paz. Vem, Senhor Jesus!
Ao mundo falta a luz... tu és a Luz. Vem, Senhor Jesus!

7. Os magos do Oriente

A: Alguns magos foram até Jesus, guiados pela estrela. Como eles, queremos preparar nossas oferendas para apresentá-las ao Cristo. Vamos acolher as imagens dos magos, cantando.
(Colocar as imagens dos magos no presépio.)

Vem, Senhor Jesus, o mundo precisa de ti!
Ao mundo falta a vida... tu és a Vida. Vem, Senhor Jesus!
Ao mundo falta a paz... tu és a Paz. Vem, Senhor Jesus!
Ao mundo falta a luz... tu és a Luz. Vem, Senhor Jesus!

P: Os magos vêm de diferentes caminhos e anseiam pela Criança Divina. Eles representam o ser humano de diferentes raças e culturas, de diversas religiões e costumes, que pretendem descobrir o mistério da vida. Quando encontram Jesus, os magos se ajoelham, adorando o Menino Deus, e lhe oferecem ouro, incenso e mirra. O ouro revela a realeza do Menino, que se manifesta em seu amor e brilha diante de Deus e dos homens. O incenso é o perfume agradável da oração, sinal do sacerdócio e da divindade do Menino. A mirra é uma erva que serve de remédio para as feridas. É também usada nos ritos funerários. Ela recorda a dor e a cruz que Jesus deverá enfrentar para curar nossas feridas.

8. Os anjos do Natal

A: Os anjos são mensageiros de Deus que anunciam sua Palavra ao mundo. Unem o céu e a terra. Quando o anjo avisa os pastores sobre o nascimento de Jesus, o brilho divino cerca-os de luz. A vida fica iluminada. Acolhamos a imagem do anjo que anunciou a noite feliz, cantando.

(Colocar a imagem do anjo no presépio)

Noite feliz, noite feliz.
Eis que no ar vêm cantar
aos pastores os anjos do céu,
anunciando a chegada de Deus,
de Jesus Salvador,
de Jesus Salvador.

9. Oração final

P: O presépio está quase pronto. Falta o Menino Jesus. Sua imagem será colocada na noite de 24 de dezembro. Agora, rezemos ao Senhor:

T: Senhor, o brilho da tua estrela orientou os magos e os fez mudar de rumo após te conhecerem. Pedimos que a luz da tua Palavra ilumine nosso caminho de modo a nos aproximar cada vez mais de ti. "Tu és a melhor notícia do Pai." É isso que queremos, com teu auxílio, divulgar aos que nos cercam, da mesma forma que os anjos anunciaram aos pastores, o teu nascimento. Ajuda-nos, pois, Senhor! Amém.

Acolhida do Menino Jesus

Na noite de 24 de dezembro

Preparar:
- a imagem do Menino Jesus;
- velas para todos os participantes.

1. Acolhida

A: Irmãos e irmãs, há vários dias rezamos, preparando o nascimento de Jesus. Hoje temos a alegria de celebrar sua presença entre nós.

2. Saudação inicial

P: Em nome do Pai e do Filho e do Espírito Santo.
T: Amém.

3. Oração

P: Ó Deus, que fizestes resplandecer esta noite santa com a claridade da verdadeira Luz, concedei que, tendo vislumbrado na terra este mistério, possamos gozar no céu sua plenitude. Por nosso Senhor Jesus Cristo, vosso Filho, na unidade do Espírito Santo.
T: Amém.

4. Evangelho: Lucas 2,1-14

Entrada do Menino Jesus

(Após a leitura do Evangelho, uma criança pode trazer o menino Jesus e depositá--lo na manjedoura, enquanto se canta.)

P: Acolhendo a imagem do Menino Deus em nosso presépio, cantemos.

Noite feliz, noite feliz.
Ó Senhor, Deus de amor,
pobrezinho nasceu em Belém.
Eis na lapa Jesus, nosso bem.
Dorme em paz, ó Jesus,
dorme em paz, ó Jesus.

5. Mensagem

Deus se fez carne e habitou entre nós. Ele vem a nós como um menino silencioso, como uma criança frágil, como um recém-nascido. Não há nada que cause menos temor do que um bebê. E é esta a grandeza do Natal: Deus aproxima-se de nós na mansidão de uma criança, para que ninguém fuja dele, para que todos sejam atraídos ao presépio. Que saibamos acolher a graça de sentir o quanto somos amados por Deus.

6. Preces

P: Hoje queremos agradecer e louvar a Jesus porque ele está sempre no meio de nós. Digamos:
T: Louvado seja para sempre!
1. Ó Jesus, Filho amado do Pai, pela alegria do vosso nascimento...
2. Ó Jesus, Luz da Luz, Deus presente em nossa vida...
3. Ó Jesus, nossa esperança de salvação e de libertação...
4. Ó Jesus, Caminho, Verdade e Vida...
(Preces espontâneas.)

P: Todos de mãos dadas, ao redor do presépio, rezemos juntos: Pai-Nosso...

7. Noite feliz

*(Podem-se apagar algumas luzes do ambiente e deixar somente a luz do presé-
pio. Se desejar, pode ser dada uma vela para cada participante rezar diante do
presépio.)*

P: Olhe o Menino nas palhas da manjedoura e coloque-se de
joelhos, como Maria e José, para adorar o mistério que envolve
tudo e todos. Diante de Jesus apresente sua vida, sua família e
toda a humanidade. Cantemos, porque esta é a noite feliz!

Noite feliz, noite feliz.
Eis que no ar vêm cantar
aos pastores os anjos do céu,
anunciando a chegada de Deus,
de Jesus Salvador,
de Jesus Salvador.

Noite feliz, noite feliz.
Ó Jesus, Deus da luz,
quão afável é teu coração,
que quiseste nascer nosso irmão,
e a nós todos salvar,
e a nós todos salvar.

8. Bênção de Natal

P: O Senhor esteja convosco.
T: Ele está no meio de nós.
P: O Deus de infinita bondade, que pela encarnação do seu Filho expulsou as trevas do mundo e com seu glorioso nascimento
transfigurou este dia, expulse do nosso coração as trevas dos vícios e nos transfigure com a luz das virtudes.
T: Amém.

P: Aquele que anunciou aos pastores pelo anjo a grande alegria do nascimento do Salvador derrame em nosso coração a sua alegria e nos torne mensageiros do Evangelho.

T: Amém.

P: Aquele que pela encarnação do seu Filho uniu a terra ao céu nos conceda a sua paz e seu amor, e nos torne participantes da Igreja celeste. Amém.

T: Amém.

P: Abençoe-nos Deus Todo-Poderoso, Pai e Filho e Espírito Santo.

T: Amém.

Bênção da árvore de Natal

A tradição nos diz que São Bonifácio, evangelizador da Alemanha, plantou um pinheiro, símbolo do amor eterno de Deus, e o enfeitou com maçãs e velas, dando-lhe um simbolismo cristão: as maçãs representavam as tentações, o pecado original e os pecados da humanidade; as velas representavam Cristo, a Luz do mundo, e a graça que recebem as pessoas que aceitam Jesus como Salvador.

Este costume se difundiu por toda a Europa na Idade Média, e com as conquistas e migrações chegou à América. Pouco a pouco, a tradição foi evoluindo: trocaram-se as maçãs por bolas e as velas por luzes que representam a alegria e a luz que Jesus Cristo trouxe ao mundo.

As bolas atualmente simbolizam as orações que fazemos durante o período de Advento. Representam também os frutos de nossas obras de caridade, especialmente com aqueles que mais precisam. Costuma-se, também, colocar uma estrela na ponta do pinheiro, que representa a fé que deve guiar nossa vida. Ela evoca a estrela que conduziu os magos até o Menino Jesus. Guiados pela estrela de nossa fé seremos iluminados no caminho da vida até Jesus.

1. Celebração de bênção

(A família reúne-se ao redor da árvore já enfeitada para o Natal. O pai ou a mãe preside a celebração.)

P: Em nome do Pai e do Filho e do Espírito Santo.
T: Amém.

P: O Senhor esteja convosco.

T: Ele está no meio de nós.

2. Oração de bênção

P: Ó Deus, que desde a criação do mundo fizestes, em vosso amor, germinar a terra e produzir árvores com flores e frutos, e ainda forneceis sementes ao semeador e dais o pão para comer, abençoai esta árvore, enfeitada para festejar o nascimento de Jesus, nosso Salvador. Que seus frutos e luzes nos recordem nossa missão de ser luz do mundo e de realizar obras que glorifiquem o vosso nome.

T: Amém.

T: Em nome do Pai e do filho e do Espírito Santo. Amém.

Rua Dona Inácia Uchoa, 62
04110-020 – São Paulo – SP (Brasil)
Tel.: (11) 2125-3500
http://www.paulinas.com.br – editora@paulinas.com.br
Telemarketing e SAC: 0800-7010081